URIAGE-LES-BAINS

Photo ODDOUX

LES-BAINS — La Promenade

Comment on se rend à Uriage

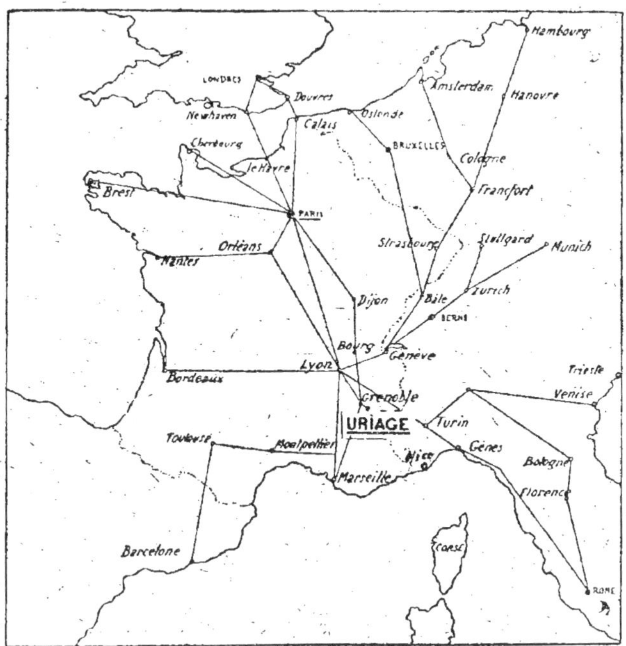

Billets et Bagages. — Voitures directes de Paris P.-L.-M., à
Grenoble (couchettes, lits-salons). Pour l'horaire, voir Indicateur
Chaix. Retour de Grenoble à Paris dans les mêmes conditions.
Pour retenir des places (au moins 10 jours d'avance aux époques
d'affluence), s'adresser Gare P.-L.-M., ou au P.-L.-M., 88, rue Saint-
Lazare et aux bureaux P -L.-M., 3, rue Bernouilli 45, rue de Rennes
et 6. rue Saint-Anne. — A Uriage, au Bureau de renseignements. —
Se faire indiquer par les Compagnies de chemin de fer les billets
et avantages spéciaux pour les vacances, tarifs de familles nombreuses, mutilés, etc.

Dans toutes les gares P.-L.-M., **exiger** un billet **direct** pour
Uriage et l'enregistrement **direct** des bagages pour éviter la répéti-
tion de l'enregistrement à Grenoble.

*Cette disposition ne s'applique pas aux billets à prix réduit; dans
ce cas, prendre, à l'arrivée à Grenoble et dans la gare même, un billet
pour Uriage et faire enregistrer de nouveau les bagages.*

De Grenoble à Uriage. — Tramway électrique (50 min.). Voir
horaire dans Indicateur Chaix et *vérifier* sur les tableaux bleus affi-
chés en gare de Grenoble. Quand, à l'arrivée à Grenoble, il n'y a pas
de tramway en partance, se rendre en ville à la station du Square
des Postes (10 min.) d'où les départs sont plus fréquents.

**En outre, fonctionne pendant une partie de la saison,
un service de cars automobiles** (trajet, 30 min.) **desservant
les trains principaux et amenant à Uriage, pour un
prix raisonnable, voyageurs et petits colis.** En sortant de
la gare, demander le car d'Uriage. — Bureau en ville : place Grenette
(8 min.). — Au départ d'Uriage, même service d'auto-cars correspondant
avec les principaux trains. S'adresser au Bureau de renseignements.

URIAGE

Renseignements pratiques

Le Site d'Uriage, la Cure, les Distractions. — Ces sujets ont été traités dans la brochure éditée spécialement et envoyée sur demande.

Tourisme. — Le Bureau de renseignements, installé tout près du Casino, fournit gratuitement toutes informations. On peut y consulter cartes, plans, itinéraires, horaires des chemins de fer, etc. (Ouvert de 8 heures à midi et de 2 heures à 6 heures du soir. Dimanches et fêtes jusqu'à midi seulement.)

Excursions en autos et courses en montagne. — Elles sont très nombreuses, puisque Uriage est sur la route des Alpes. Outre les voitures privées de tous genres, des excursions en auto-cars très confortables sont organisées tous les jours par des agences de location. Les prix et itinéraires pour les principales excursions, comme la Grande-Chartreuse, le Lautaret, les Grands-Goulets, etc., sont indiqués à l'agence et en maints autres endroits.

TARIF DES TRAITEMENTS
à l'Etablissement Thermal

SERVICE DES BAINS ET DOUCHES

	Juin et Septembre	Juillet Août
Bain ordinaire.... (une serviette comprise)	3 50	4 »
Bain de luxe pour dames...	4 50	5 »
Bain ordinaire enfants...	2 »	2 50
Bain de luxe enfants...	3 50	4 »
Grande douche massage ...	5 »	5 50
Demi-douche et douche locale massage	3 50	4 »
Douche d'injection prise dans le bain	1 50	1 50
Douche intestinale horizontale...	3 »	3 »
Douche nasale ...	1 50	1 50

NOTA. — Les enfants ne sont autorisés à prendre le bain avec leurs parents que munis du ticket de « bains d'enfants ».

SERVICE DE PULVÉRISATION

La séance (linge compris)...	3 50	4 »
La séance (pour enfants jusqu'à 10 ans)...	2 »	2 50

SERVICE DE LA BUVETTE

Abonnement pour Saison (durée 1 mois)	15 »	15 »
La série de dix verres...	2 »	2 »
Le verre...	0 25	0 25

TARIF DU LINGE

Un fond de bain...	0 75
Un peignoir...	0 75
Un fond de bain (enfant)...	0 50
Un peignoir (enfant)...	0 50
Une serviette...	0 25

SERVICES MÉDICAUX

MÉDECINS CONSULTANTS A URIAGE (par ordre alphabétique). — MM. les Docteurs BARBIER, BOUTELIER, GUILLERMOND, JOURDANET, MARITOUX, TEULON, VALIO.

SERVICE DE PHYSIOTHÉRAPIE ET DERMATOLOGIE ESTHÉTIQUE. — M. le Docteur LARAT.

SERVICE DE STOMATOLOGIE. — M. MASSON, chirurgien dentiste de la Faculté de Médecine de Paris.

MASSAGE MÉDICAL. — M. AUGAIGNE, aveugle de guerre.

COURS D'ÉDUCATION PHYSIQUE (exercices en plein air). — Mademoiselle PLAUZOLE.

INSTITUT SUÉDOIS (gymnastique respiratoire). — M. HALBERG.

LES EAUX D'URIAGE ET LEURS SOUS-PRODUITS

Bureau : 15, avenue des Champs-Elysées, Paris
Laboratoires : Etablissement Thermal d'Uriage

Vente d'Eau (Arthritisme, Eczéma, etc.). — Fabriquent sous-produits à base réelle d'Eau d'Uriage. — Crèmes, Lotions, Savons, Grains (laxatifs). — Ampoules aseptiques à l'Eau d'Uriage.

La saison. — A l'Etablissement Thermal, la saison commence officiellement le 25 mai et se termine le 5 octobre. Toutefois, étant données les conditions idéales de la température d'Uriage au printemps, certains hôtels sont prêts à ouvrir plus tôt. Des villas et appartements peuvent aussi être loués dès le début de mai.

Juillet et août sont les mois de grande affluence, de « haute saison ». Quand on le peut et dans l'intérêt d'une bonne cure et d'un repos réparateur, il est préférable de choisir les mois de mai, juin ou septembre pour venir à Uriage. C'est l'époque privilégiée pour assister à l'épanouissement du printemps dans cette charmante vallée, toujours tempérée, « inondée de soleil et d'exhalaisons végétales » ; on y jouit d'un bien-être et d'un repos indéfinissables. **D'ailleurs, dans le but de faire mieux connaître les charmes et les avantages d'un séjour avant et après la haute saison, il est établi, d'une façon générale, des conditions particulièrement modérées pour mai, juin et septembre.**

Tennis. — Cinq courts sont installés dans le parc. Pour les renseignements, s'adresser soit aux tennis mêmes, soit au Bureau de l'Etablissement.

Golf. — Installé dans le Parc des Alberges, à 5 minutes en autobus du centre de la station. Service régulier journalier entre le Casino et le Golf (horaire au Bureau de renseignements). Un professeur de golf se mettra à la disposition des joueurs et des débutants pour donner les leçons. Le Château des Alberges offre aux joueurs et spectateurs un endroit idéal de repos dans un cadre unique. Pour tous renseignements, s'adresser au Golf même, et au Bureau de l'Etablissement Thermal.

Moyens de séjour. — Ce sont : l'hôtel, avec ou sans pension ; la pension de famille ; l'hôtel meublé, avec ou sans cuisine ; et la villa particulière (voir plus loin la liste).

La station ne comprenant uniquement que des hôtels, villas et magasins, on ne trouve pas à se loger chez l'habitant, de même que celui-ci ne prend pas de pensionnaires.

Sur demande et gratuitement le Bureau de renseignements fournit toutes informations utiles. Toutefois, les indications qu'il peut être amené à donner, comme aussi celles qui vont suivre, n'ont qu'une valeur documentaire et ne peuvent engager la responsabilité du Bureau vis à vis des tiers.

NOTA. — **Pour les prix de séjour, pension, etc., s'entendre directement avec les Hôtels ou Logeurs. — Il n'y a pas à Uriage d'agences de location.**

Conditions de séjour. — En général, les prix se fixent par jour. Cependant, des accords particuliers peuvent, surtout pour les villas et appartements, être faits à la saison ou au mois. Dans ce dernier cas, la location doit partir du début du mois pour éviter un chevauchement qui se traduit le plus souvent, par un manque à louer pour le mois suivant.

Les prix qui vont suivre sont portés à titre d'indication et sans engagement; il sera donc toujours nécessaire de demander les conditions précises. D'ailleurs, l'époque du séjour, sa durée, le nombre de personnes, le genre des chambres, l'exposition choisie, sont des facteurs de la détermination des conditions.

Les villas et appartements sont, en général, pourvus de tout le mobilier et matériel nécessaires. Le blanchissage du linge, s'il est fourni, est à la charge du locataire. Il y a lieu de faire des accords spéciaux suivant les cas, pour le charbon, le bois, le service, etc.

Éclairage. — Tous les Hôtels, Villas et Appartements, sont éclairés à l'électricité.

Approvisionnements. — *L'eau potable* est abondante et fraîche et provient de la haute montagne.

Le *lait* est apporté à Uriage par les éleveurs dont les troupeaux paissent les riches pâturages des Alpes Dauphinoises.

Alimentation. — Des boulangeries, épiceries, magasins de comestibles, boucheries, fruiteries, etc., sont établis à proximité des habitations et le ravitaillement est facile et abondant. Le service de livraison est fait à domicile.

Conseil utile. — Il a paru opportun d'attirer l'attention des personnes qui désirent venir faire un séjour à Uriage sur l'intérêt qu'il y a à s'attacher, dans la correspondance, à préciser les demandes faites aux hôteliers et propriétaires. On évite ainsi de perdre un temps précieux en échange de lettres, il est répondu vite et bien, et, surtout on se met à l'abri des mécomptes imputables, presque toujours, à l'imprécision des demandes. C'est ainsi que toute lettre, relative à un séjour, à l'hôtel, en appartement ou en villa, devrait contenir au moins les indications suivantes : selon les cas :

1° Commencement du séjour ;
2° Sa durée ;
3° Nombre de personnes ;
4° Nombre et âges des enfants ;
5° Nombre de domestiques ;
6° Disposition désirée pour les chambres ;
7° Exposition préférée et étage ;
8° Conditions particulières : régimes, repas servis à part, domestiques, pension, etc.

Indiquer aussi tout spécialement combien de chambres avec ou sans eau courante :

A un lit d'une personne ;
A deux lits d'une personne ;
A un lit de deux personnes ;
Avec ou sans lit d'enfant ;
Avec ou sans salle de bains.

Hôtels et Pensions
gérés par leurs propriétaires

Hôtel et Restaurant Monnet
[illegible]

Restaurant du Cercle
[illegible]

Hôtel du Rocher
[illegible]

Hôtel du Parc
[illegible]

Hôtel et Restaurant du Midi
[illegible]

Hôtel des Négociants
[illegible]

Hôtel Globe et Continental
[illegible]

11. Hôtels meublés et Appartements

Hôtel de Marseille [illegible]

Hôtel des Thermes [illegible]

Villa Terminus [illegible]

Villa Delménique [illegible]

Villa Belle-Vue [illegible]

Chambres meublées [illegible]

III. Villas particulières et Chalets

— VILLAS ET CHALETS GÉRÉS —
PAR L'ÉTABLISSEMENT THERMAL

Grand Chalet Excellente situation en plein parc. — 6 appartements indépendants, ayant tous, salon, salle à manger, cuisine et au moins une chambre de domestique, W.-C.

Et :

Appartement A 3 chambres.
  B 3
  D 3
  E 4
  F 3
  G 3

Villa La Pensée Salon, salle à manger, cuisine avec monte-plats, office, cave, 3 ch., cab. de toil. à eau courante, grande salle de bains, deux ch. de domest.

Villa Rose Salon, salle à manger, cuisine, office, cave, 4 ch. de maîtres et 2 de domest. — Toilettes avec eau courante.

Villa des Chênes Salon, salle à manger, cuisine, office, cave, 6 ch. de maîtres et 4 ch. de domest. — Garage pour voiturette. — Toilettes avec eau courante.

Villa Jeanne Salon, salle à manger, cuisine, 3 ch. de maîtres et 2 ch. de domest.

Villa Juliette Comme la précédente.

Chalet l'Hermitage Salon, salle à manger, cuisine, office, 4 ch. de maîtres et 4 ch. de domest.

Villa Marguerite Salon, salle à manger, cuisine, office, cave, 4 ch. de maîtres et 2 ch. de domest.

Villa Durbec Salon, salle à manger, cuisine, office, cave, 6 ch. de maîtres, 2 ch. de domest., grande salle de bains.

Villa Louise Salon, salle à manger, cuisine, office, cave, 4 ch. de maîtres et 2 ch. de dom.

Chalet du Coteau Petite entrée, salle à manger, cuisine, cave, une grande ch. et deux plus petites. — Préau couvert.

Villa Les Ormeaux Salon, salle à manger, cuisine, cave, 4 ch. de maîtres (dont une très grande) et 1 ch. de domest.

Villa Les Pâquerettes Salon, salle à manger, cuisine, cave, 3 ch. de maîtres. — Eau cour. ch. et fr. — Salle de bains. — 2 ch. de domest. — Grand garage.

Villas particulières et Chalets

GÉRÉS PAR LEURS PROPRIÉTAIRES

Villa des Thermes GIROUD, prop. — Salon, salle à manger, office, cuisine. — 8 ch. — Buanderie. — Garage.

Chalet des Thermes GIROUD, prop. — Salon, salle à manger, cuisine. — Buanderie. — Garage. — 5 ch. — Pour location, s'adr. Villa des Thermes.

Villa Les Églantines CATHIARD, prop. — Téléph. 25. — Salon, salle à manger, cuisine. — 8 ch. (8 lits). — Eau ch. et fr. — Salle de bains. — Jard. ombr. indépendant.

Villa Les Iris CATHIARD, prop. — Téléph. 25. — Salon, salle à manger, cuisine et cave. 5 ch. (5 lits). — Eau ch. et fr. — Salle de bains. — Jard. ombr. indépendant.

Villas Guillermond Mme GUILLERMOND, propr. — GRANDE VILLA : Salon, Sal. à manger, cuisine et cave. — 8 ch., dont 3 mansardées (9 lits). — PETITE VILLA : Salon, salle à manger, cuisine et cave. — 4 ch. (6 lits). — Pour visiter, s'adr. Hôtel de Marseille.

Villa Les Charmettes

Villa de l'Univers

Chalet de l'Univers

Villa Les Clématites

Villa Reymond

Villa Gilberte

Villa du Lierre

Villa du Levant

Villa Bertrand

Villa Marie-Louise

Villa Valrose

Pavillon Valrose

Villa Beau-Séjour

Villa Bonnet Bonnet, prop. — Salle à manger. — Ch. pouvant être transformée en salon, cuisine et cave. — 6 ch. (6 lits). — Pavillon. — Gr. jard. ombr.

Villa Eugénie Termoz, prop. — Salle à manger, ch. pouvant être transformée en salon, cuisine et cave. — 5 ch. (6 lits). — Pavillon. — Jard. ombr.

Villa André François Ferrafiat, prop. — Salle à manger, cuisine et 5 ch. (5 lits). — Garage. — Jardin ombr. très indépendant.

Maison Bourg André Bourg, prop., à St-Georges-d'Uriage. — Appart. p. familles : sal. à mang., cuis. commune et 5 ch. (7 lits). — Gr. Jard.

Villa Bourg Grande salle à manger, avec terrasse-véranda, cuisine et 5 ch. (7 lits). — Gr. jard. — Prairie très ombr. de 6.000 mq.

Villas Petiot Petiot, prop., à St-Georges-d'Uriage. — GRANDE VILLA : salon, salle à manger, 2 cuis. indépendantes, 5 ch. de maîtres (7 lits), 3 chambres ordin. (4 lits). — Meublée à neuf. — Buanderie. — PETITE VILLA : salle à manger, cuisine, 2 chambres (3 lits). — Buanderie.

Villa Berthe Ailloud, prop. — Salle à mang., cuis. — 6 ch. (8 lits). — Buanderie. — Garage. — Peut s'aménager p. deux familles. — 15 min. de la station. — Juin, sept., 350 fr. p. mois. — Juill., août, 700 fr. p. mois. — Prix spéc. p. saison complète.

Villa Beau-Séjour G. Mafrey, prop., à Vaulna-veys-le-Haut. — Appart. avec cuisines à composer au gré du client, depuis 375 fr. par mois. — Distance d'Uriage : 2 kil.

♪ Les Alberges ♪

Villa Marcel Salon. — Salle à manger. — Cuisine. 3 ch. de maîtres. — 2 ch. de domest. Salle de bains et dépendances.

Villa Georgette Salon. — Salle à manger. — Cuisine. — 3 ch. de maîtres. — 2 ch. de domest. — Salle de bains et dépendances.

Villa Andrée Salon. — Salle à manger. — Cuisine. — Salle pour les domestiques. — 3 ch. de maîtres. — 3 ch. de domest. — Salle de bains et dépendances. — Garage.

Villa Henriette Salon. — Salle à manger. — Cuisine. — Salle pour les domestiques. — 4 ch. de maîtres. — 2 ch. de domest. — Salle de bains. — Garage.

Villa Maguitte Salon. — Salle à manger. — Cuisine. — Salle pour les domestiques. — 4 ch. de maîtres. — 3 ch. de domest. — Salle de bains. — Garage.

Villa Stéphane Salon. — Salle à manger. — Cuisine. — Salle pour les domestiques. — 4 ch. de maîtres. — 2 ch. de domest. — Salle de bains. — Garage.

Les villas ne se louent qu'à la saison. — S'adresser à Mme S. Jay, 10, avenue Alsace-Lorraine, Grenoble, et pour visiter : Villa Stéphane, à Uriage.

Excelsior Pavillon de thé dans le parc, même propriétaire.

ADRESSES
des Fournisseurs et Commerçants de la Station

Boulangeries	Mme Tournafond, en face du Parc
	Mr Couard, route de Vizille
	M. Vannard
Boucheries	M. Samuël, villa Terminus
	M. Poncet, près de la Tuilerie
Épiceries Comestibles	M. Pumey Moïse, en face du Parc
	M. Cathiard, en face du Parc
Épicerie-Comestibles, Poisson et Volailles	M. Berano, villa Terminus
Légumes et Primeurs	M. Suppot, près de la villa Terminus
Laiterie	Mme Somany, dans le Parc
	M. Pelloux Prayer, dans le Parc
Pâtisseries-Confiseries	Mme Tournafond, en face du Parc
Pharmacie	M. Levrey, près de la Poste, le Casino
Cafés glaciers	Pelloux Prayer
	Mme Moïse Pumey, en face du Parc
Merceries-Bonnetteries	Bazar Reynes et Laget, grande allée du Parc
Maison de dentelle, Coiffeur Parfumeur, Salons de Dames	Mme Ricou Furnon, en face du Parc
Coiffeur	M. Ricou, en face du Parc
Bijouterie	M. Boireau, route de Vizille
Fleurs	Mme Gouvreux, grande allée du Parc
	Maison Maurois
Langues étrangères et leçons particulières	École Berlitz School, Pavillon Central
Bazar	Mlles Reynes et Laget
Vins en gros et au détail	M. Cathiard, épicerie du Parc
Location d'automobiles, Excursions en auto-cars, Garage et réparations	M. Halot, agence d'excursions, en face le Parc
	M. Genin, agence Urbaine Auto, Tuilerie
Voitures de place	M. Halot
Modes et Fantaisies	Mme André, près du Casino
Gants et cravates	Mlles Allouard, Hôtel de Paris
Chaussures et réparations	M. Badet, Hôtel de Paris

Journal « Le Dauphiné », Librairie-Papeterie-Journaux	M. Xavier Drevet, Hôtel de Paris.
Tabacs, Cigares et Cigarettes de luxe, Articles pour fumeurs . . .	M. Croizat, près de l'Hôtel de Paris.
Photographie, Travaux d'amateurs, Fournitures	« Uriage-Photo » et Bureau de Tabac.
Banque	Succursale de la Banque Privée, près de la pharmacie.
Teinturerie-Dégraissage	Maison Reymond, près de « La Tuilerie ».
Blanchisseries et Repassage	M. Gualdoni, grande blanchisserie de l'Etablis. Thermal. Mme Baron, kiosque, près de la Poste. Mme Reymond, près de « La Tuilerie ». M. Taragnat.
Cafés	Mme Tournafond. M. Couard.
Zinguerie-Plomberie	f. Canavesio, près la Gare. M. Taragnat, près de « La Tuilerie ».
Charbons et Bois de Chauffage . .	M. Murienne. M. Ferrafiat François, à St-Georges.
Plâtrerie-Peinture	M. Brégard fils. M. Béccio.

POSTE, TÉLÉGRAPHE, TÉLÉPHONE. — Les bureaux sont ouverts toute l'année : du 16 septembre au 15 juin, de 8 h. du matin à midi et de 14 h. à 18 h. ; du 16 juin au 15 septembre, de 8 h. à 20 h. sans interruption. Trois distributions postales par jour. Le courrier de Paris est distribué vers midi. Quatre cabines téléphoniques à la disposition du public : deux au Bureau de Poste, une au Casino, une au Bureau de Renseignements.
Presque tous les Hôtels ont le téléphone.

SERVICE MÉDICAL ET PHARMACEUTIQUE. — Ces services sont assurés par les médecins et la pharmacie de la Station.

SERVICES RELIGIEUX. — Le culte catholique et le culte protestant et anglican sont régulièrement célébrés : le premier dans la chapelle située au centre de la Station ; les deux autres dans une des dépendances du Grand Châlet qui se trouve près de l'Etablissement Thermal. Une affiche, placée dans les hôtels, indique l'heure des offices.

BANQUE. — Succursale de la Banque Privée qui se charge de toutes opérations.

GARAGE DES AUTOMOBILES. — En plus des garages des hôtels et de quelques villas particulières, il y a au centre de la Station deux garages dont un pouvant contenir plus de 50 voitures. On peut y louer des box particuliers. A ces garages sont annexés une fosse et un atelier de réparations. Ils sont également approvisionnés en pneumatiques de toutes marques. Fournitures d'essence, huiles, etc.

Baigneurs, Villégiateurs, Touristes : si, en arrivant à Uriage, vous rencontrez des difficultés, si vous êtes embarrassés, adressez-vous au Syndicat d'Initiative, près de la gare.

→←

GRENOBLE
GRANDS ÉTABLISSEMENTS
DE L'IMPRIMERIE GÉNÉRALE

CAUX-LES-BAINS (Jura). — L'Établissement Thermal